Dolphins

L'arte di Hannibal non è solo concentrata sulla fotografia: anche la ricerca dei titoli dei suoi libri non è certo casuale. Ecco perchè questo libro ha un titolo tanto particolare.

Di acqua ne ammiriamo tanta in queste bellissime istantanee, ma in nessuna di queste si vede un delfino. E allora, perchè chiamare così il libro?

Siamo di fronte ad un gioco interessante sul significato delle parole in lingua inglese: dolphins significa delfino, ma è anche il nome delle particolari strutture costruita dall'uomo che ammirate in questi scatti. Ancora una volta Hannibal ci obbliga ad andare oltre la fotografia, esplorando a 360 gradi l'arte e i suoi significati.

Buona lettura e buona caccia ai delfini...

Fabio Rancati

Dolphins

The art of Hannibal is not only focused on photography:
even the search for the titles of his books is certainly not
casual. This is why this book has a very special title.

We admire so much water in these beautiful snapshots,
but in none of these we see a dolphin. So why call this
book?

We are dealing with an interesting game about the
meaning of words in English: dolphins like fish, but it is
also the name of the particular structures built by man
that you admire in these shots. Once again Hannibal
obliges us to go beyond photography, exploring art and
its meanings at 360 degrees.

Good reading and good dolphin hunting ...

Fabio Rancati

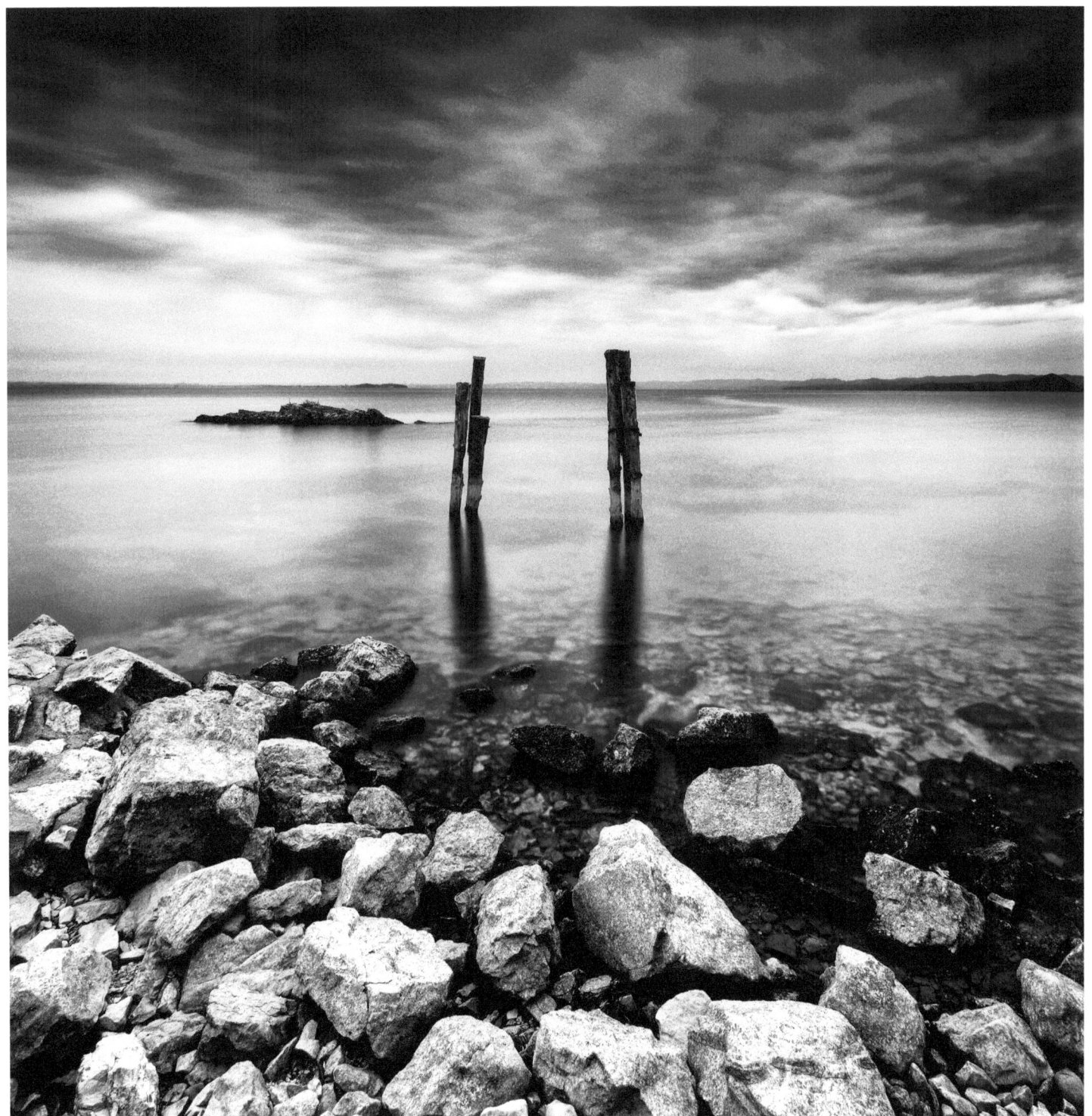

Punta San Vigilio   Garda Lake

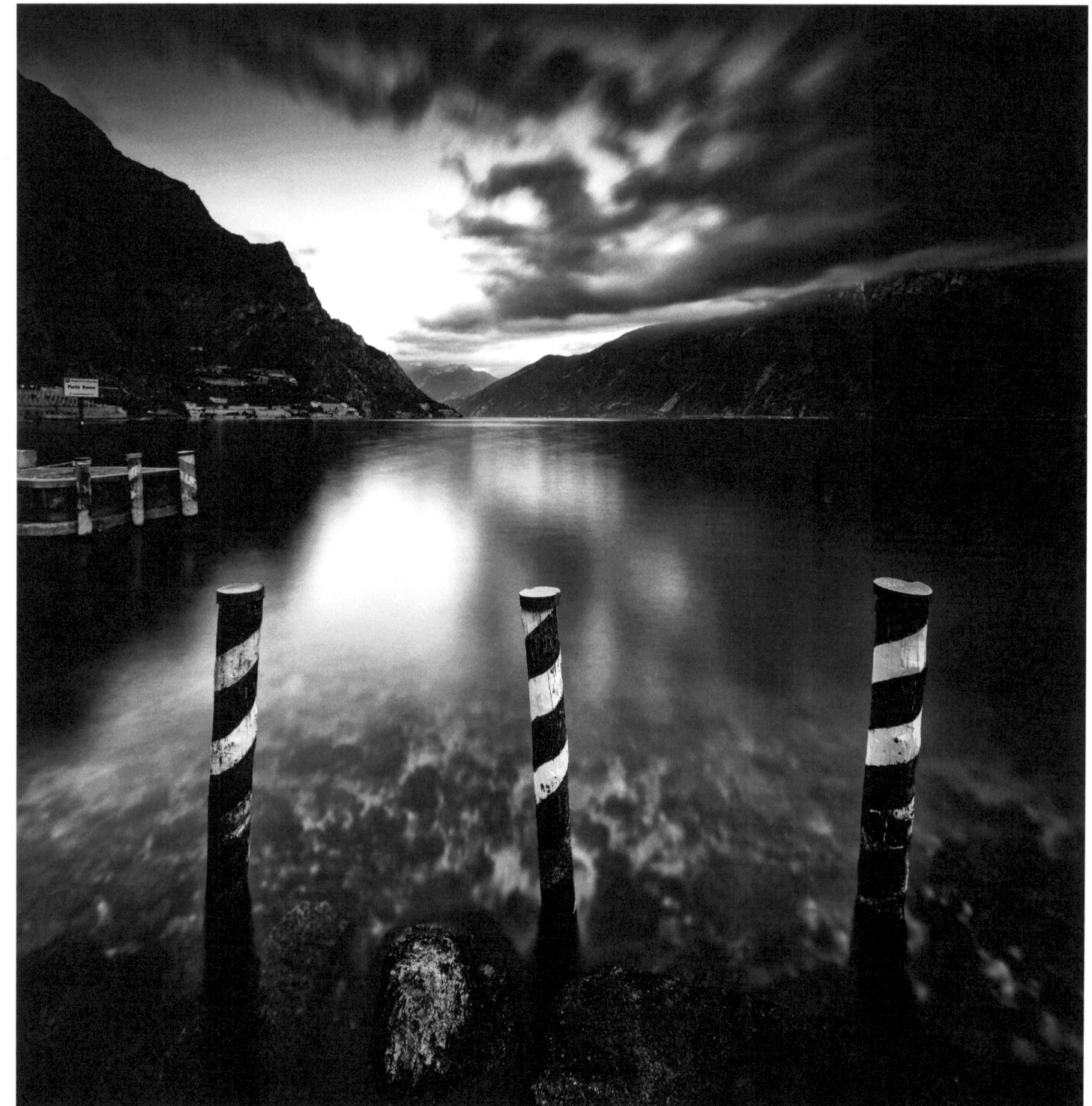

Limone   Garda Lake

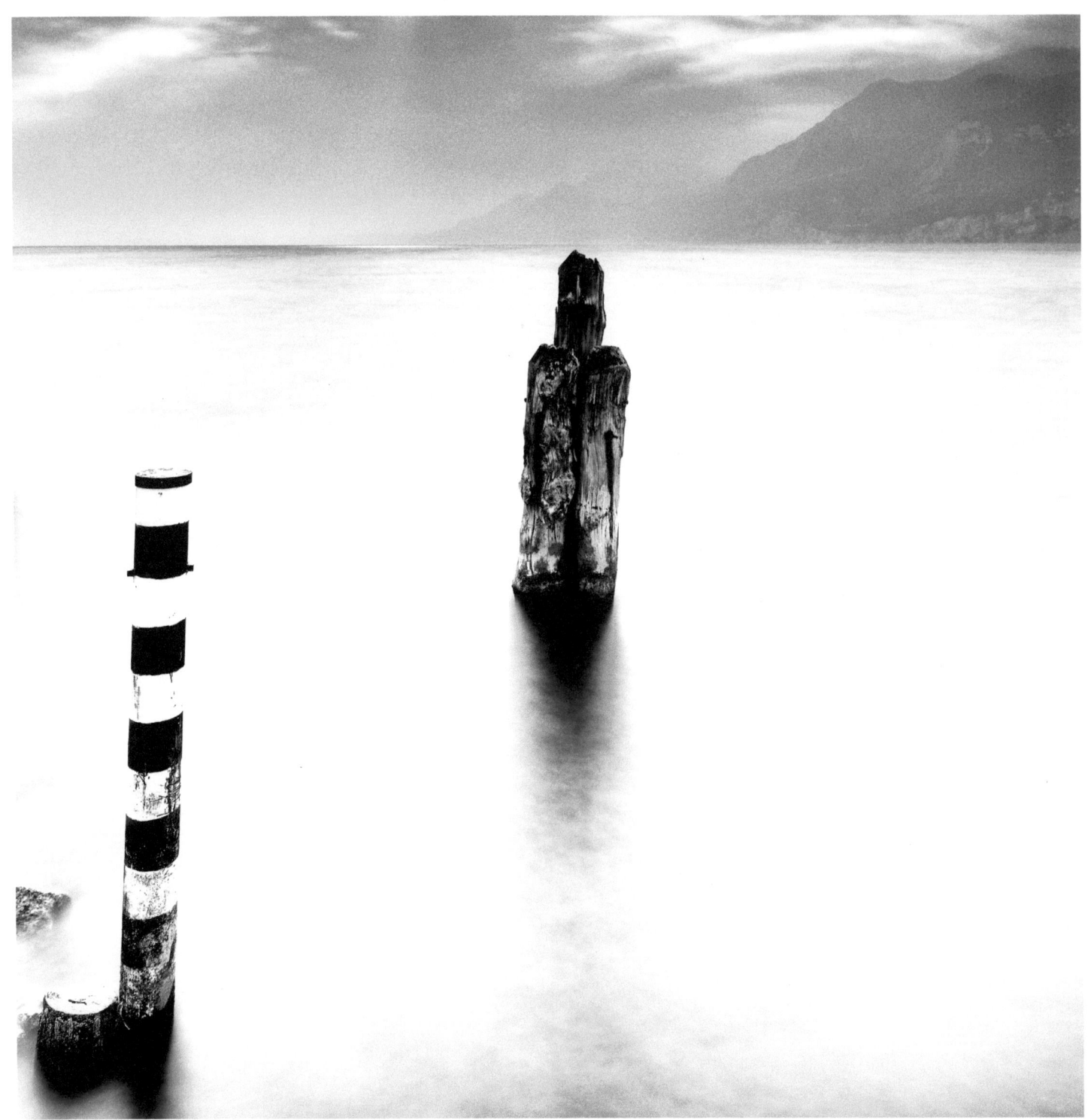

Porto di Brenzone

Garda Lake

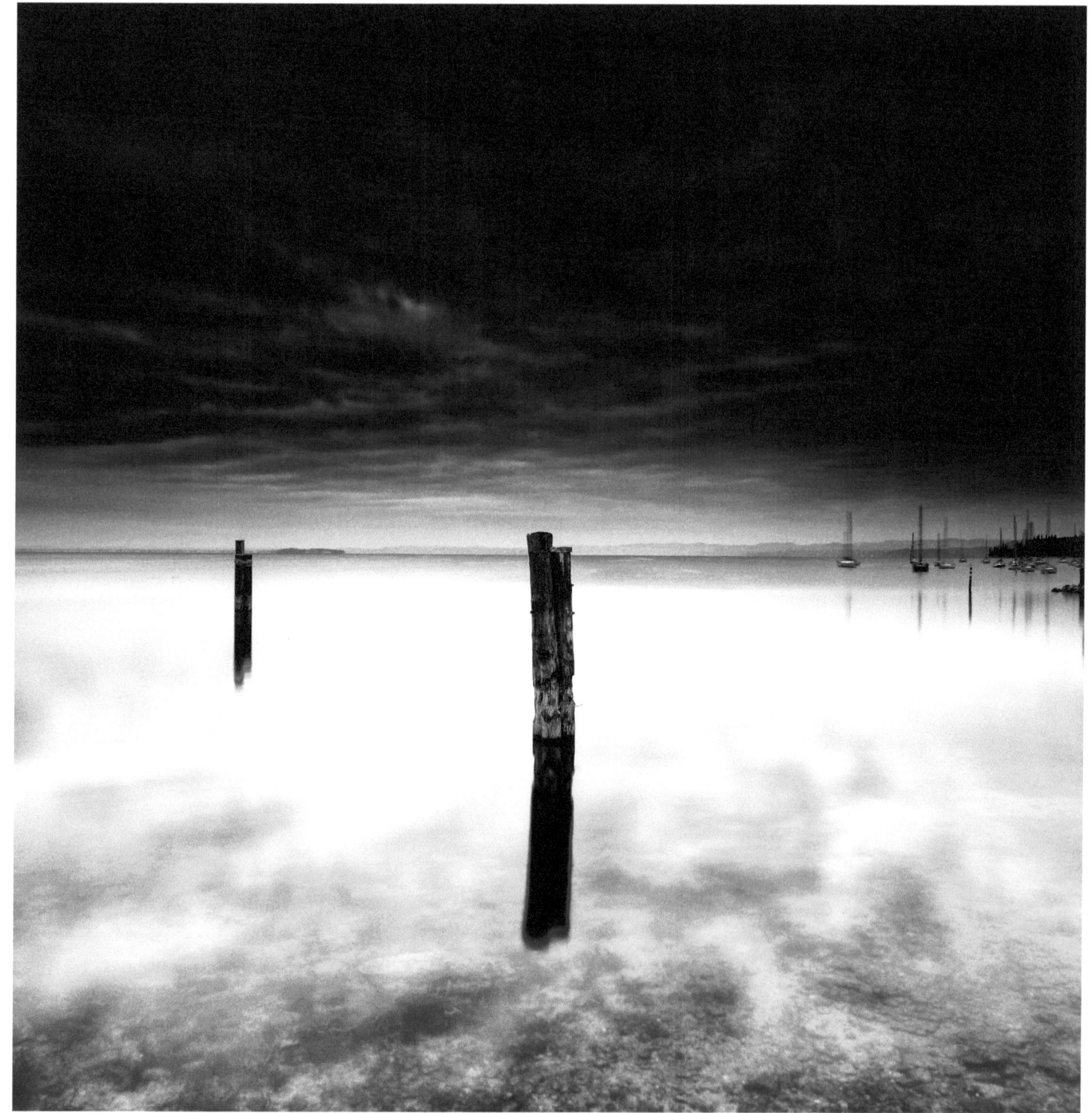

Garda

Garda Lake

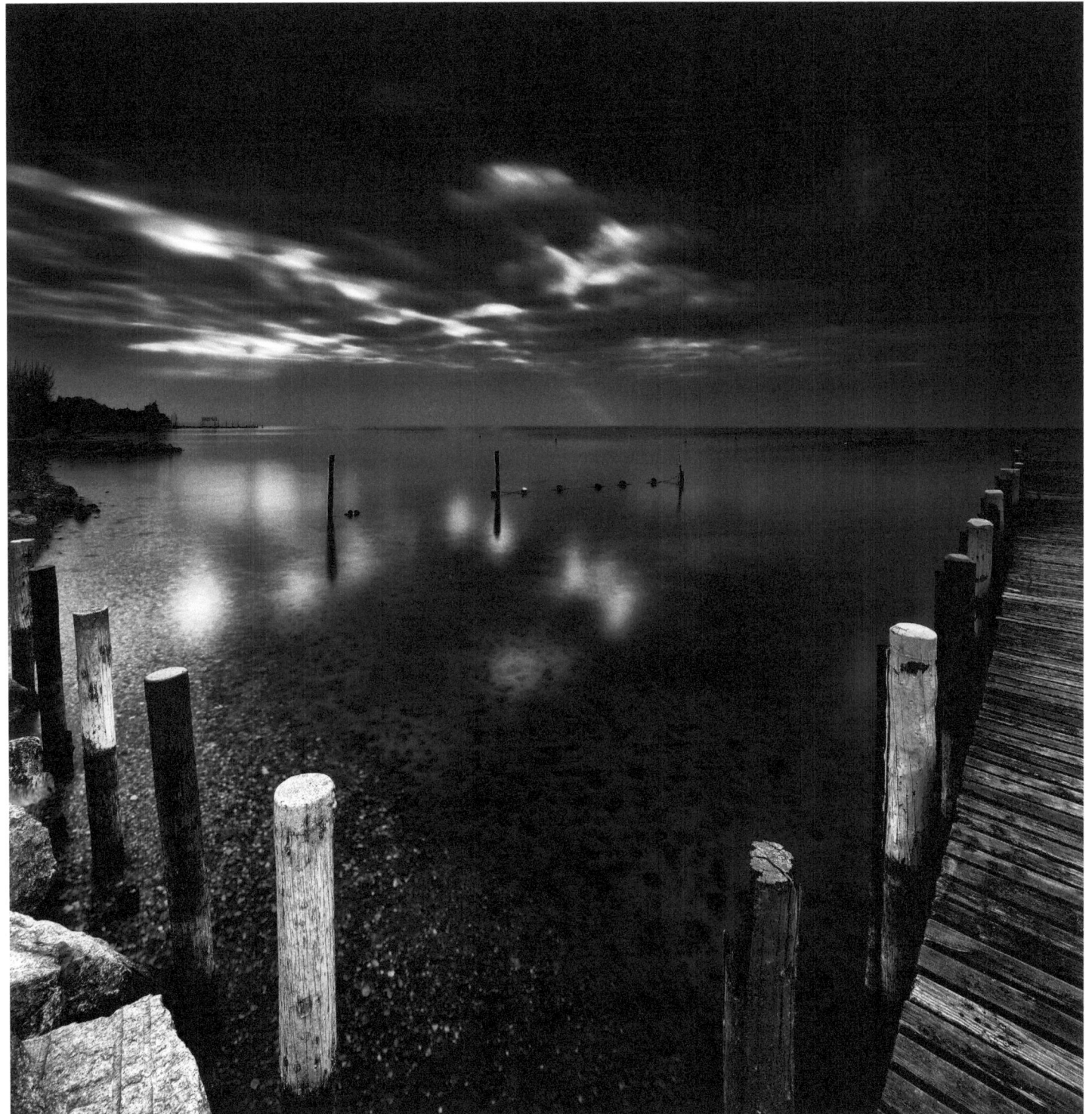

Cisano   Garda Lake

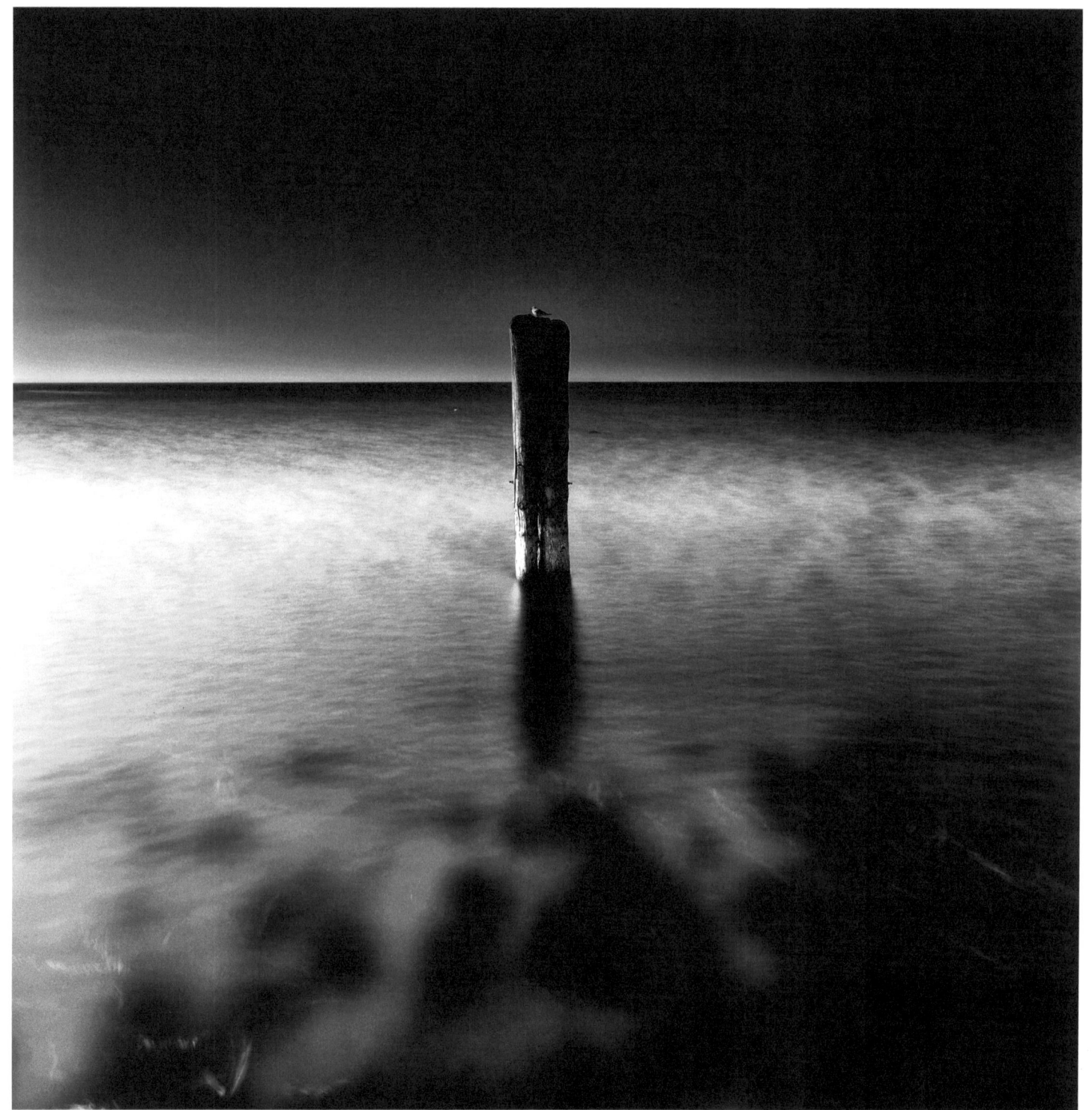

Lazise   Garda Lake

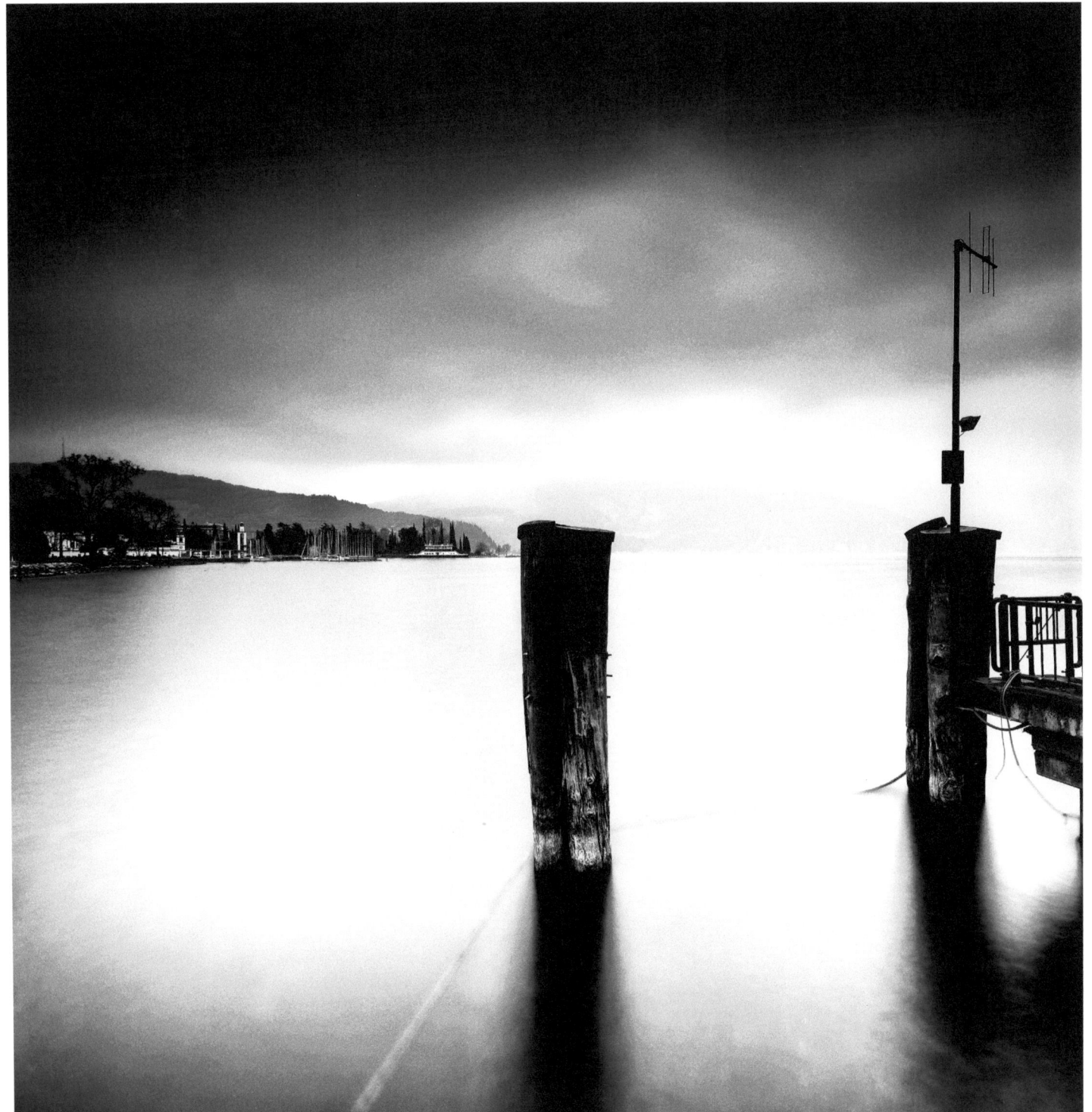

Riva del Garda

Garda Lake

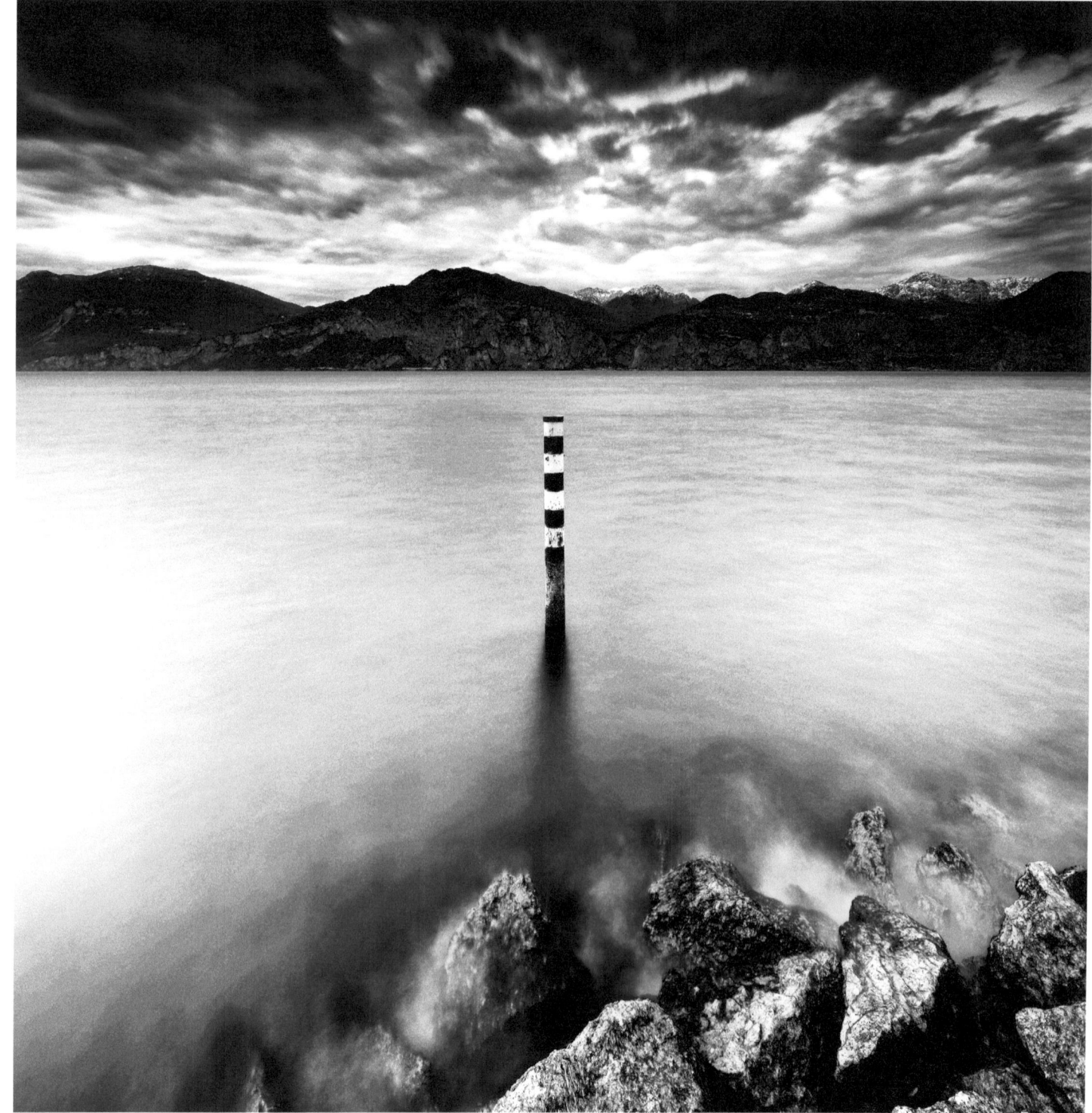

Cassone

Garda Lake

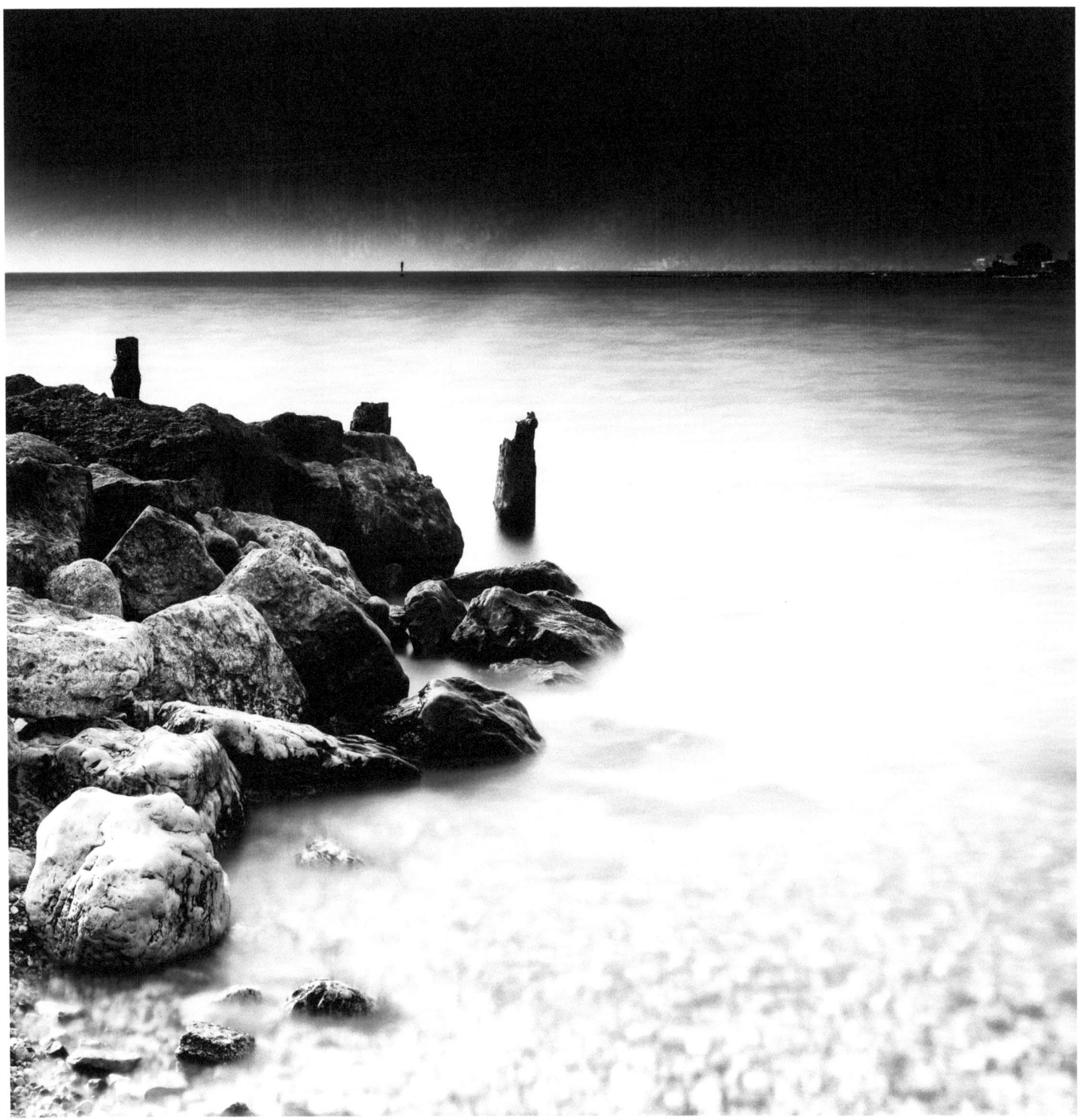

Assenza

Garda Lake

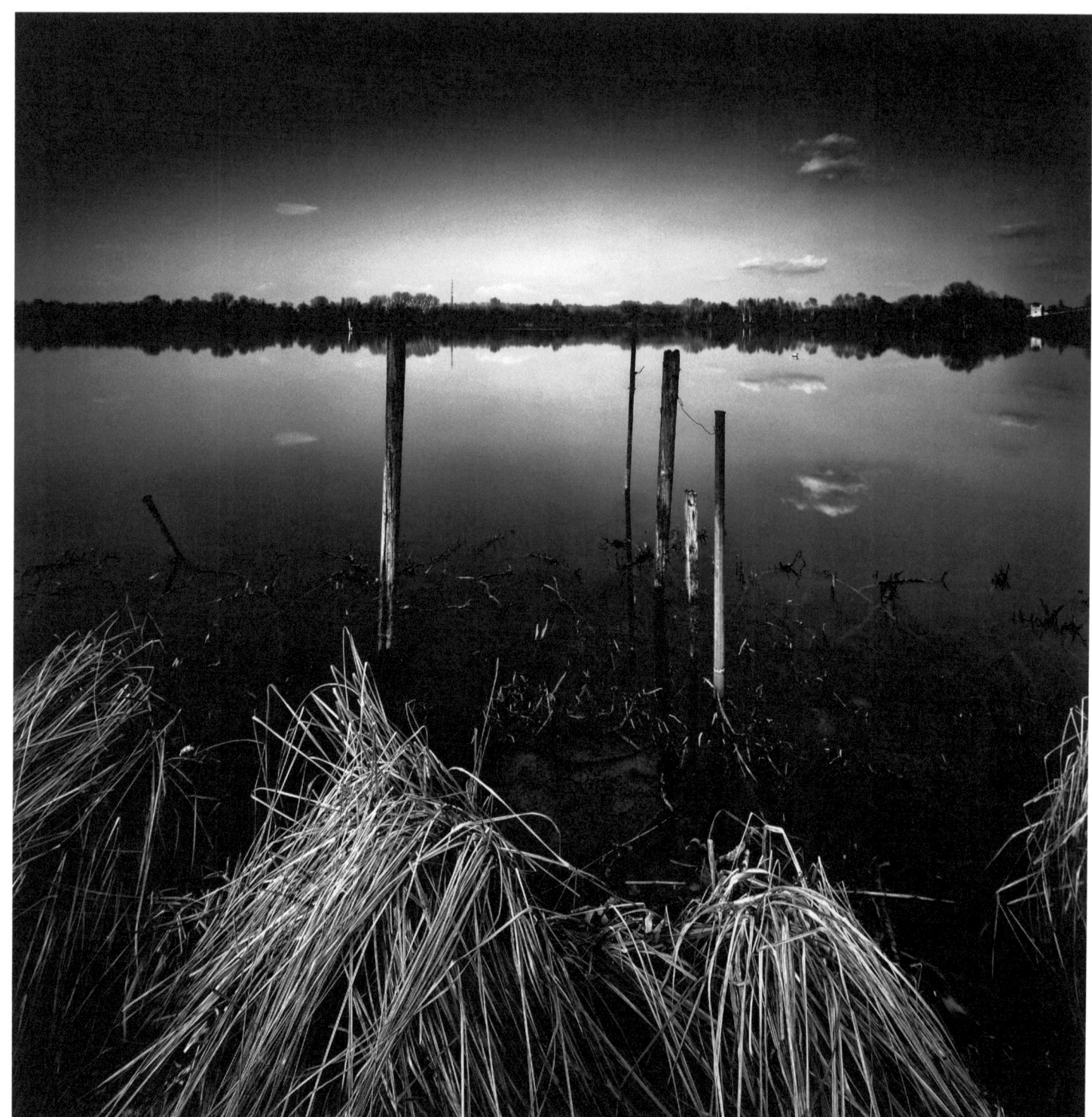

Mantova

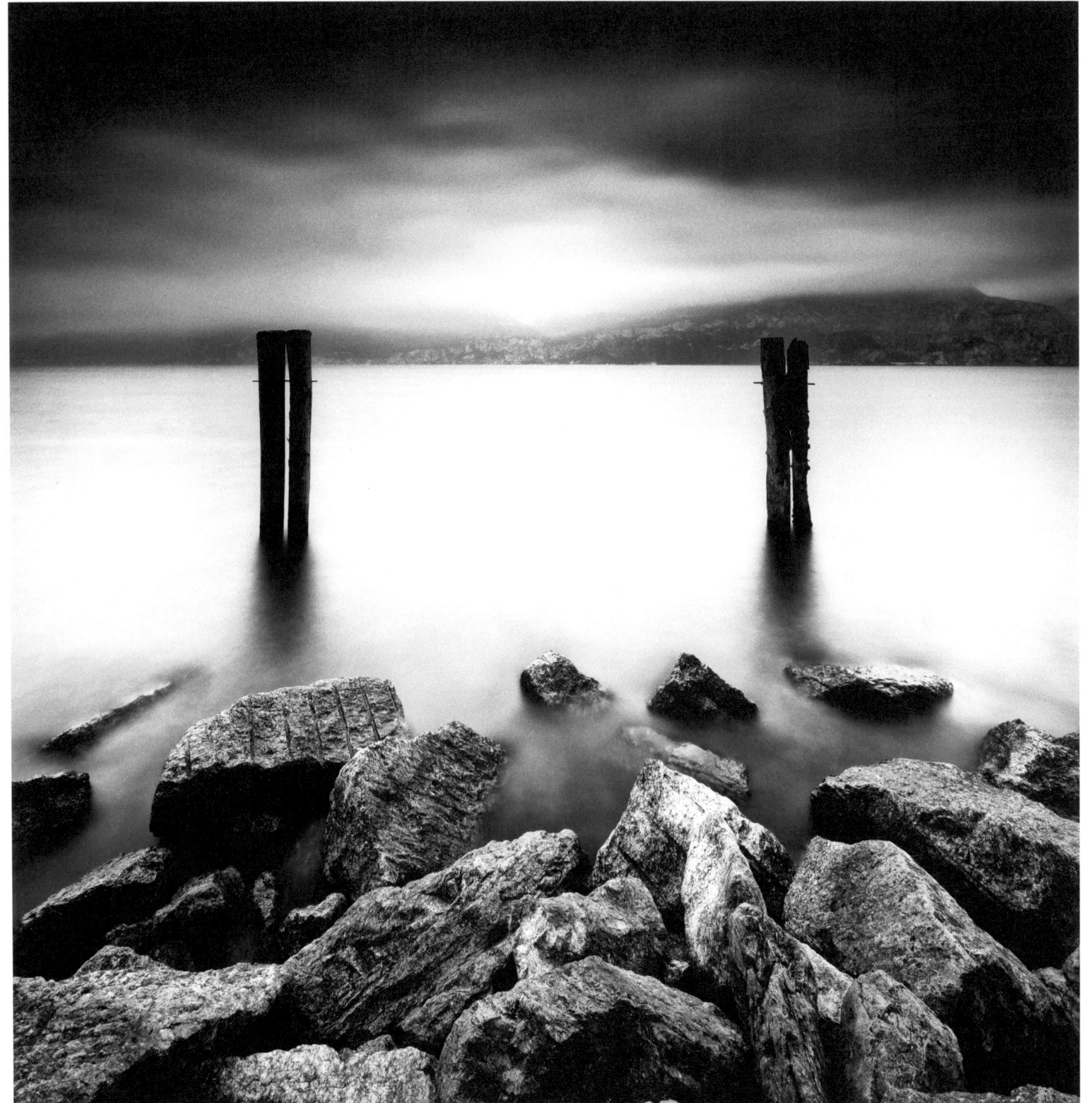

Brenzone   Garda Lake

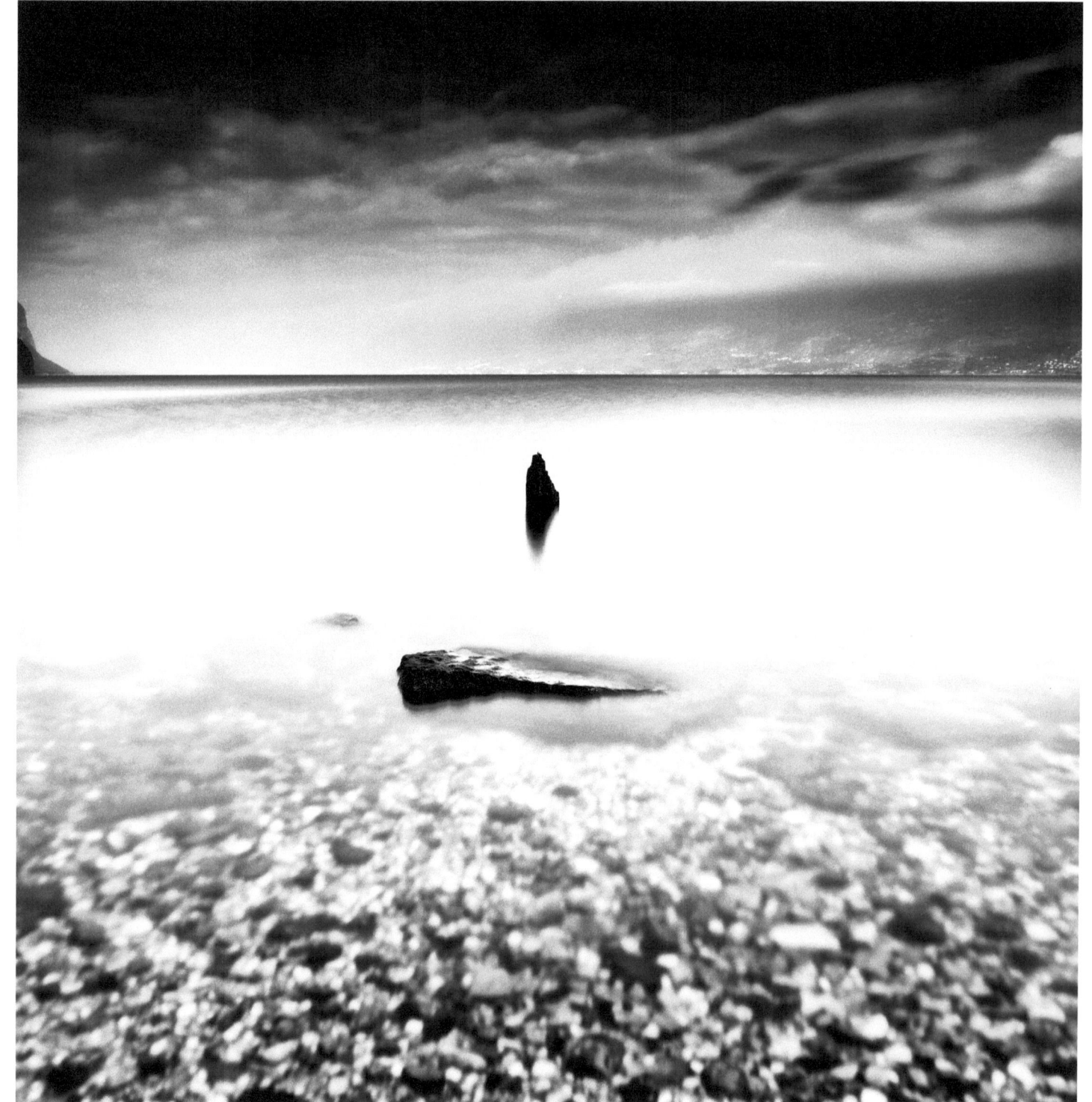

Bogliaco   Garda Lake

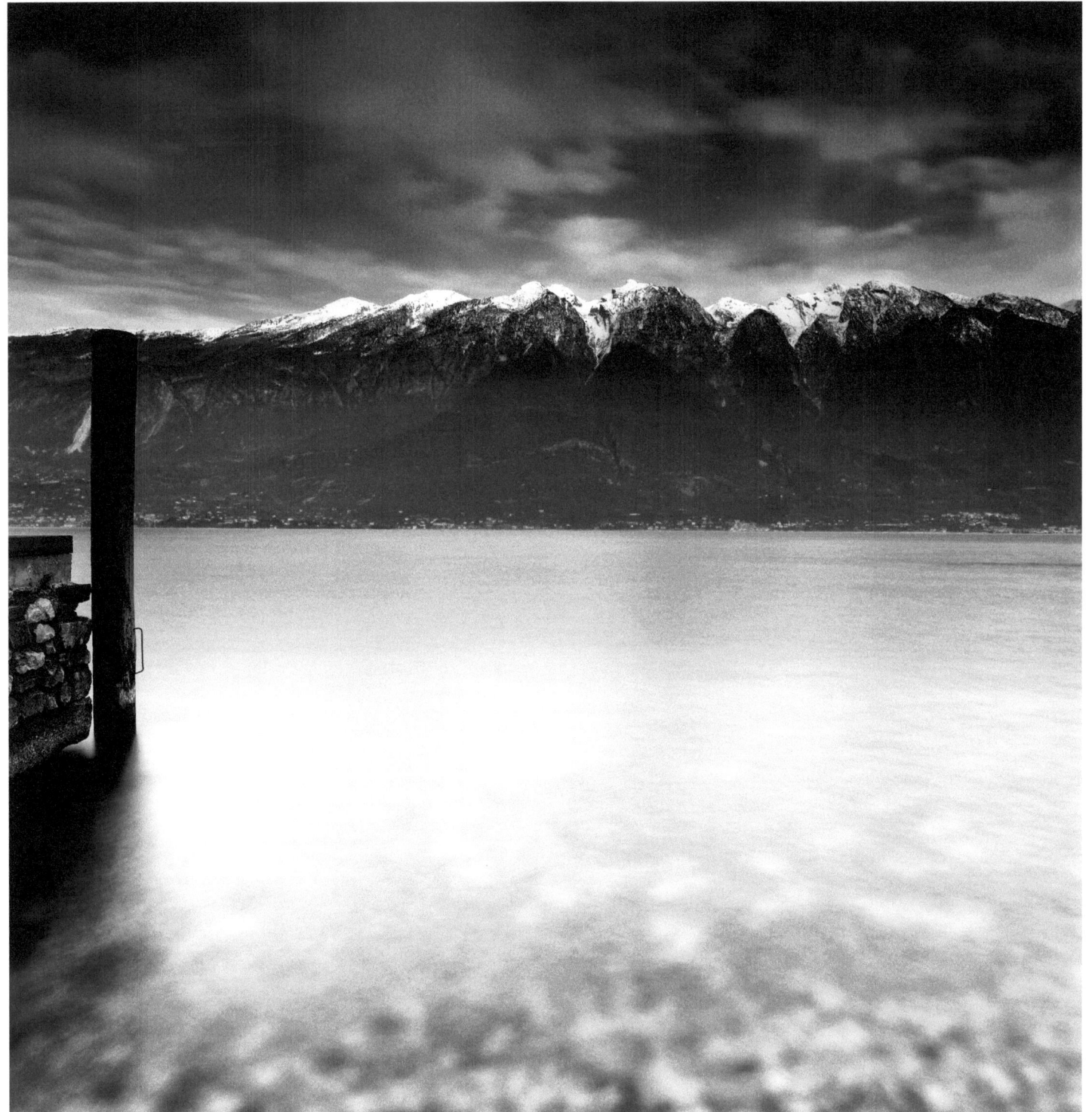

Campione   Garda Lake

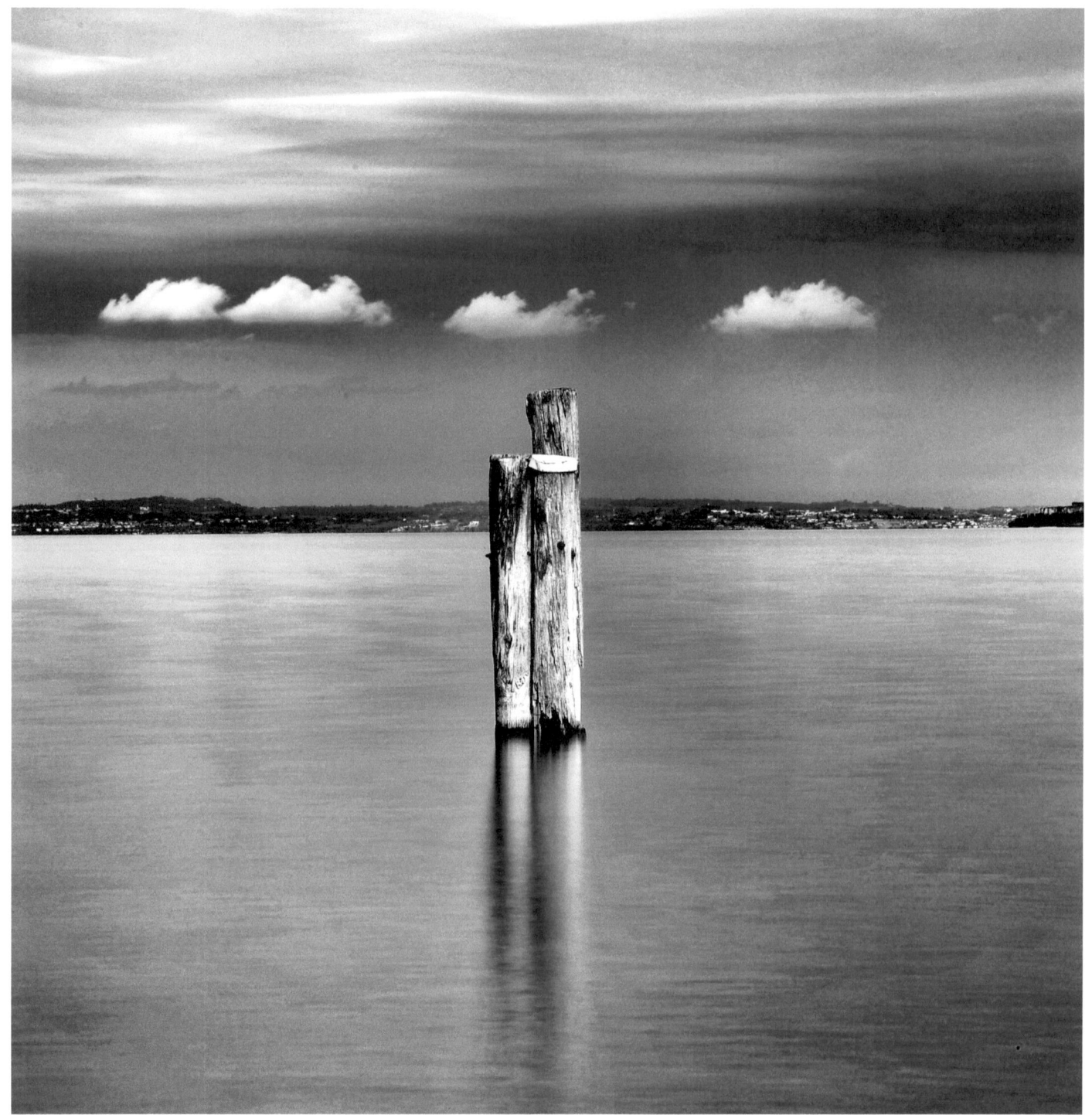

Manerba   Garda Lake

Gardone

Garda Lake

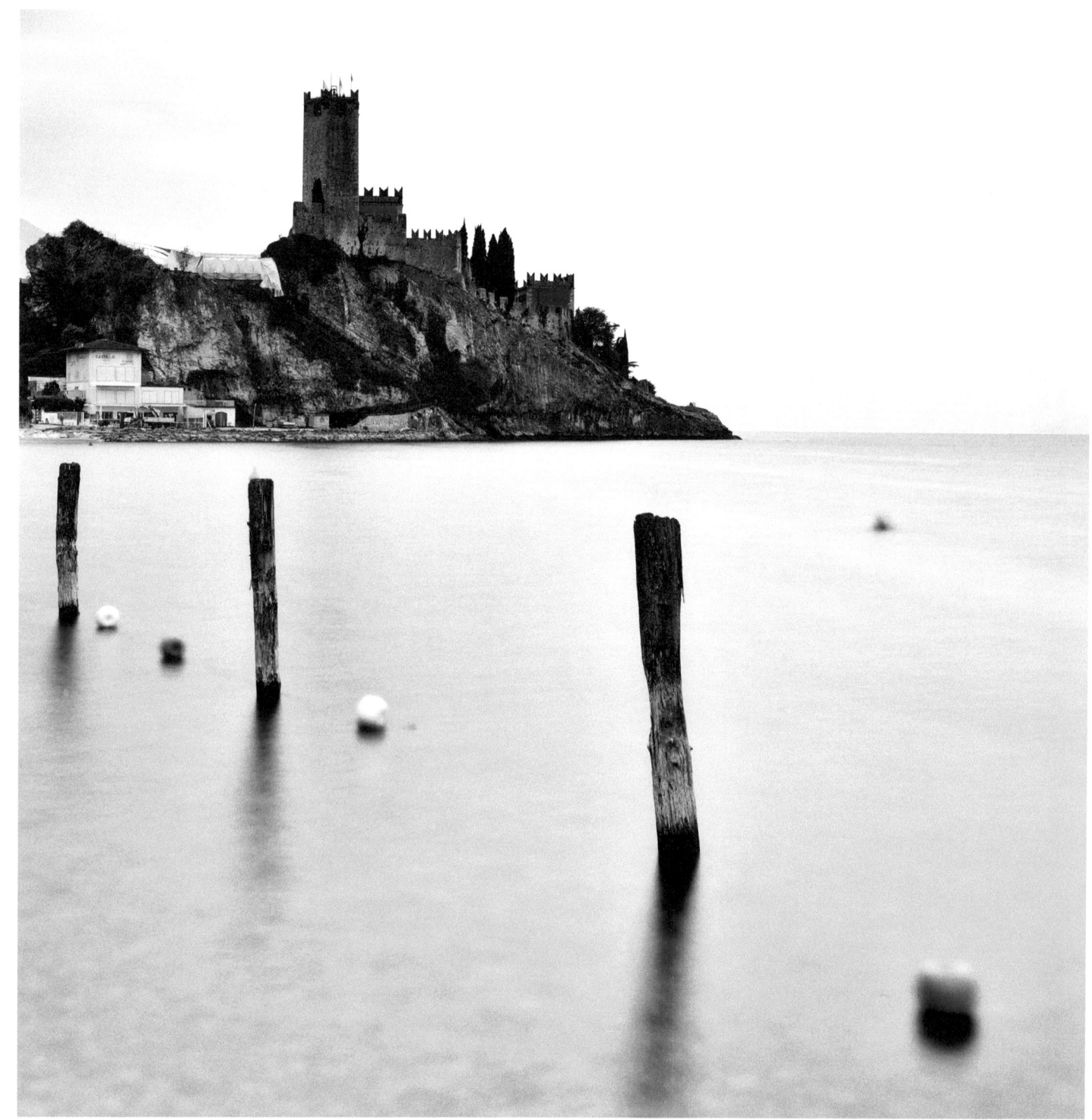

Malcesine

Garda Lake

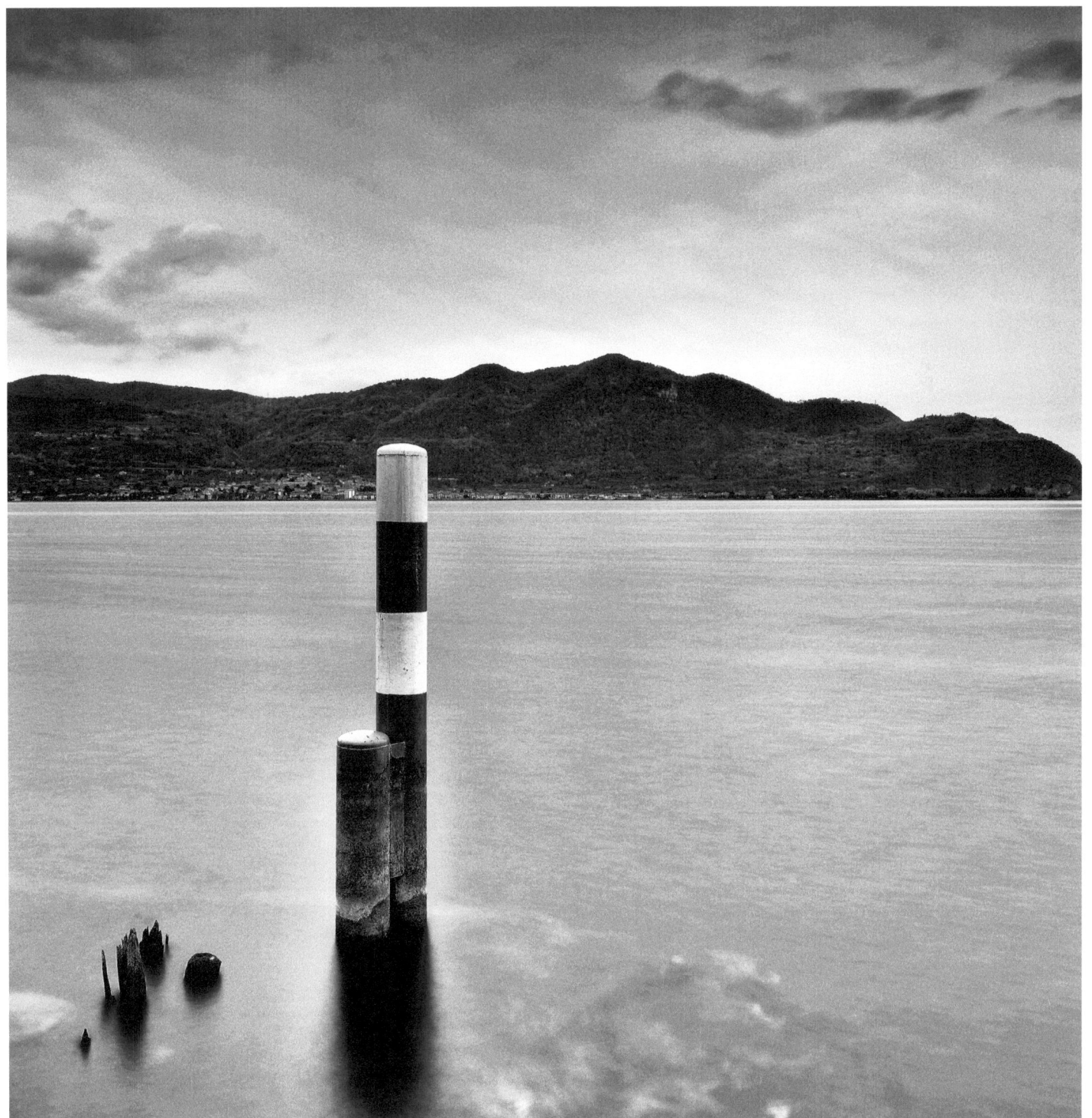

Predore   Iseo Lake

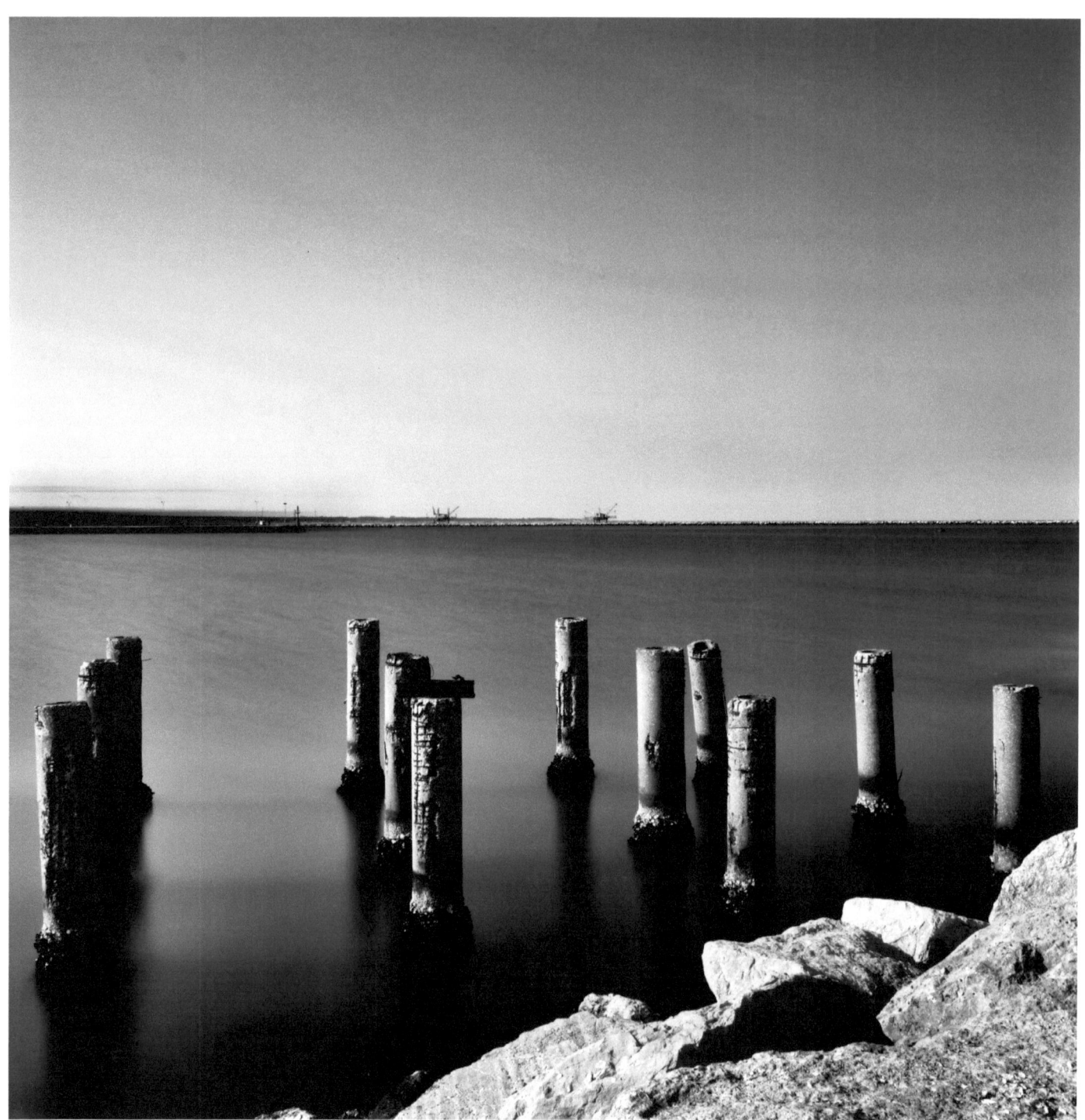

Marina di Ravenna

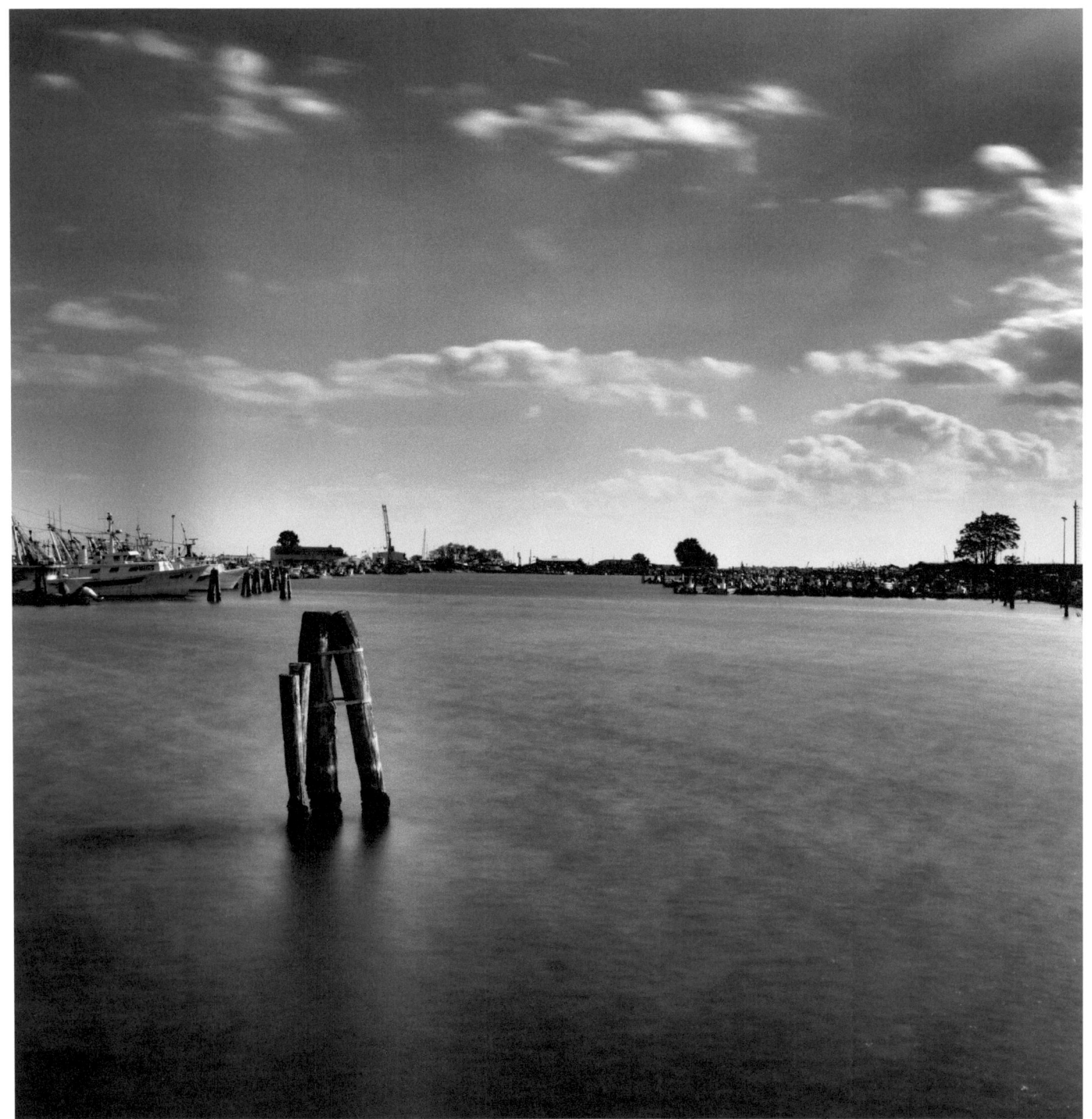

Isola della Donzella   Rovigo

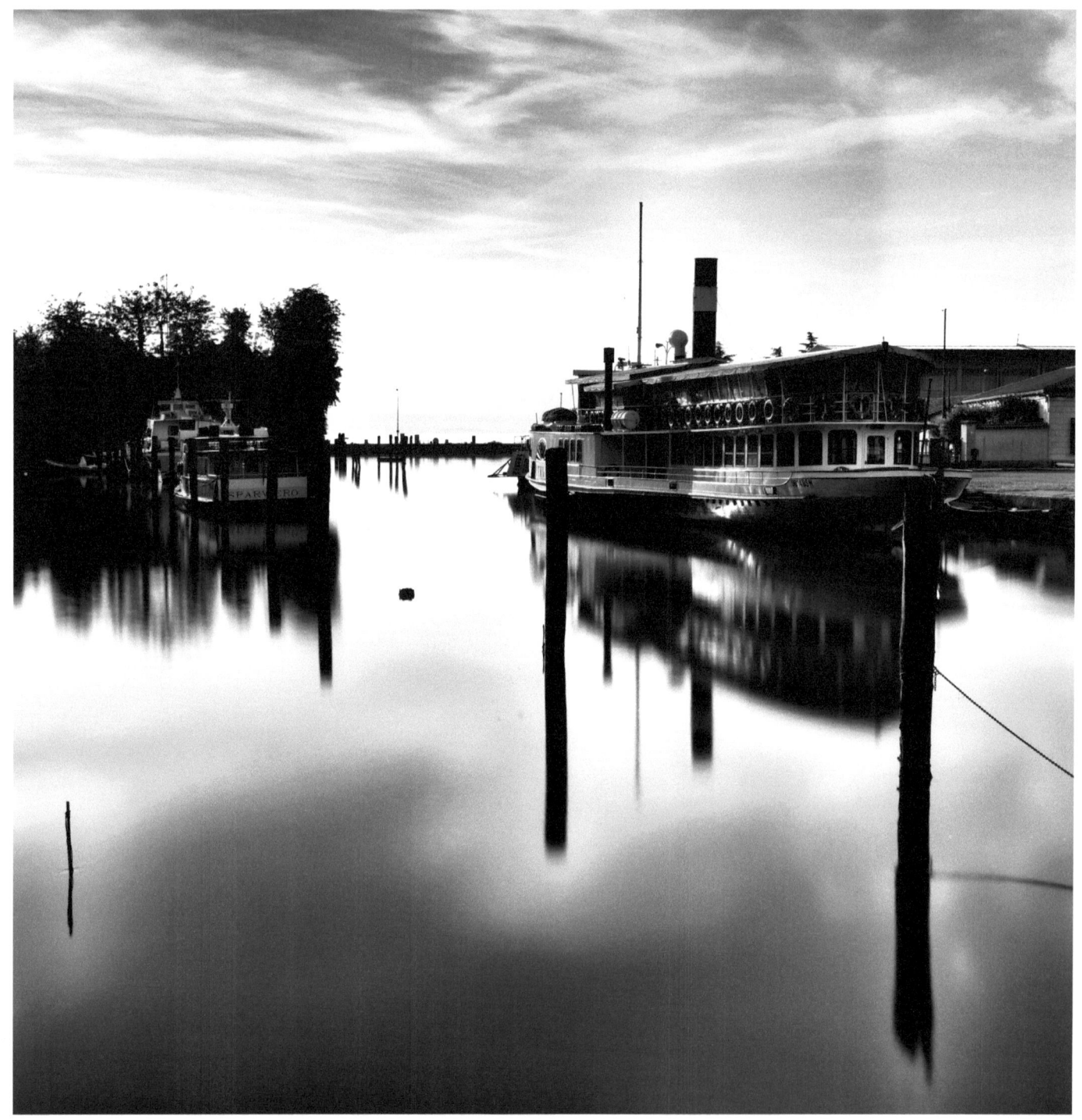

Peschiera   Garda Lake

Caldonazzo   Caldonazzo Lake

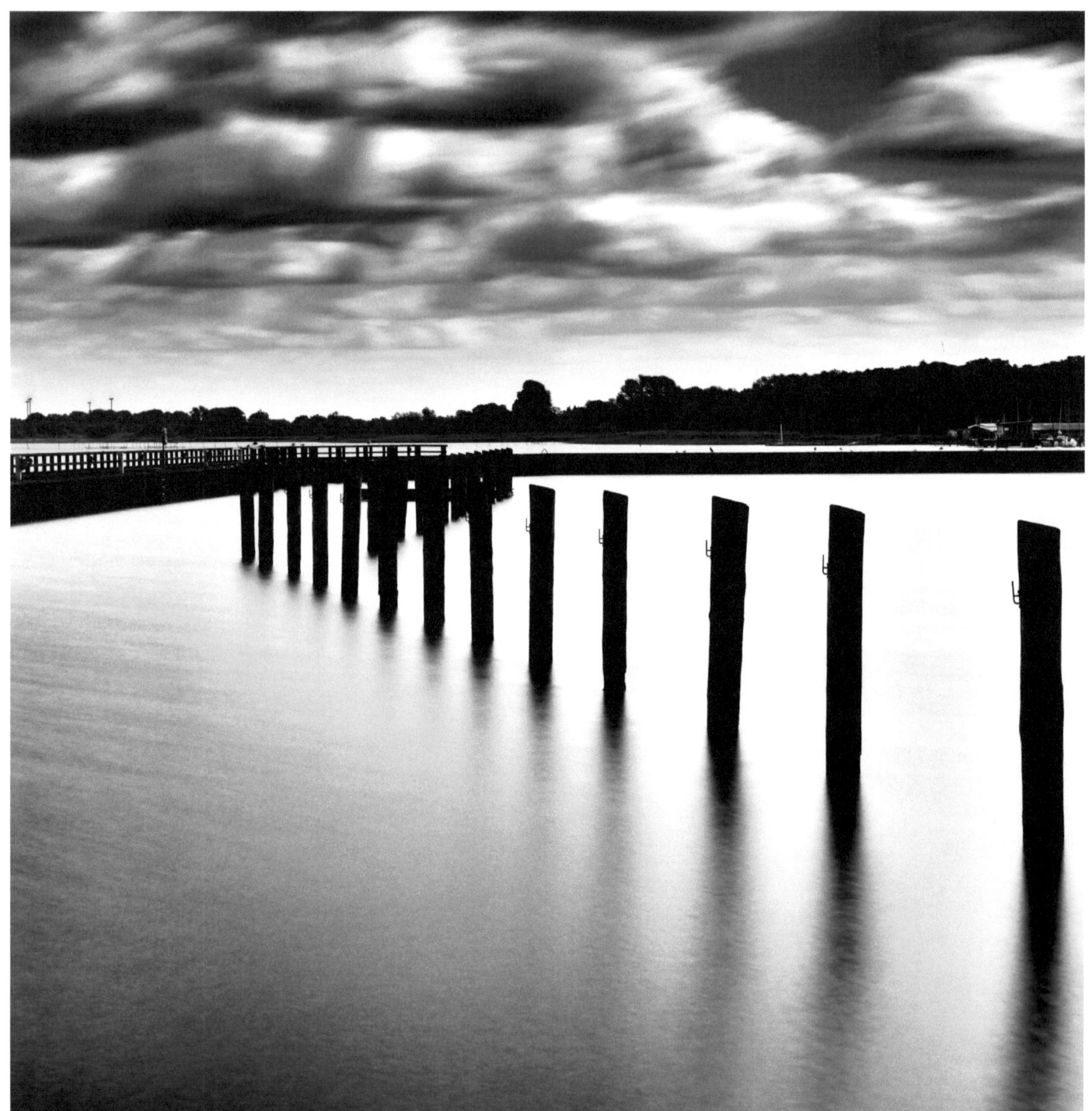

Ribnitz

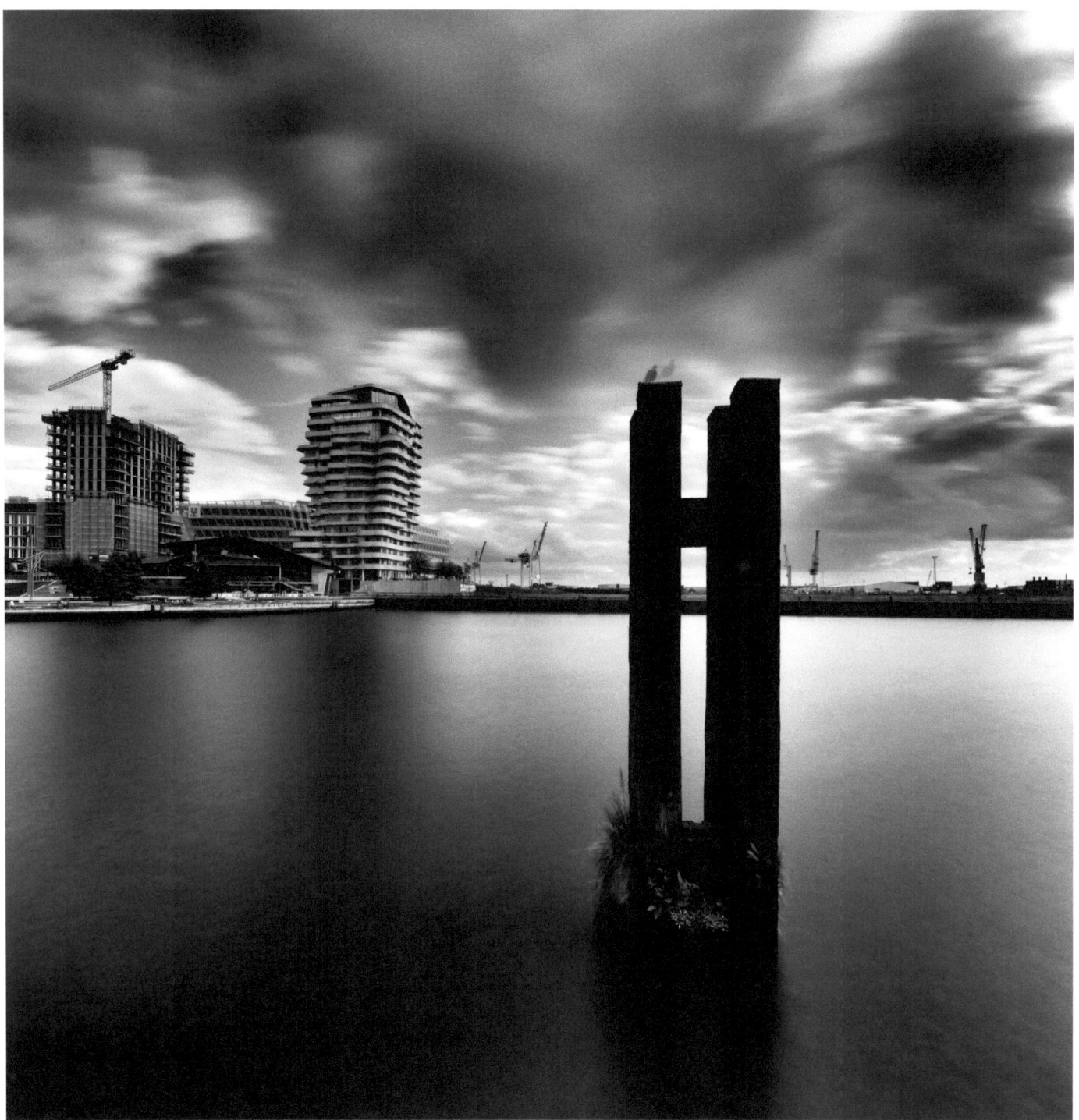

Hamburg

Gargnano   Garda Lake

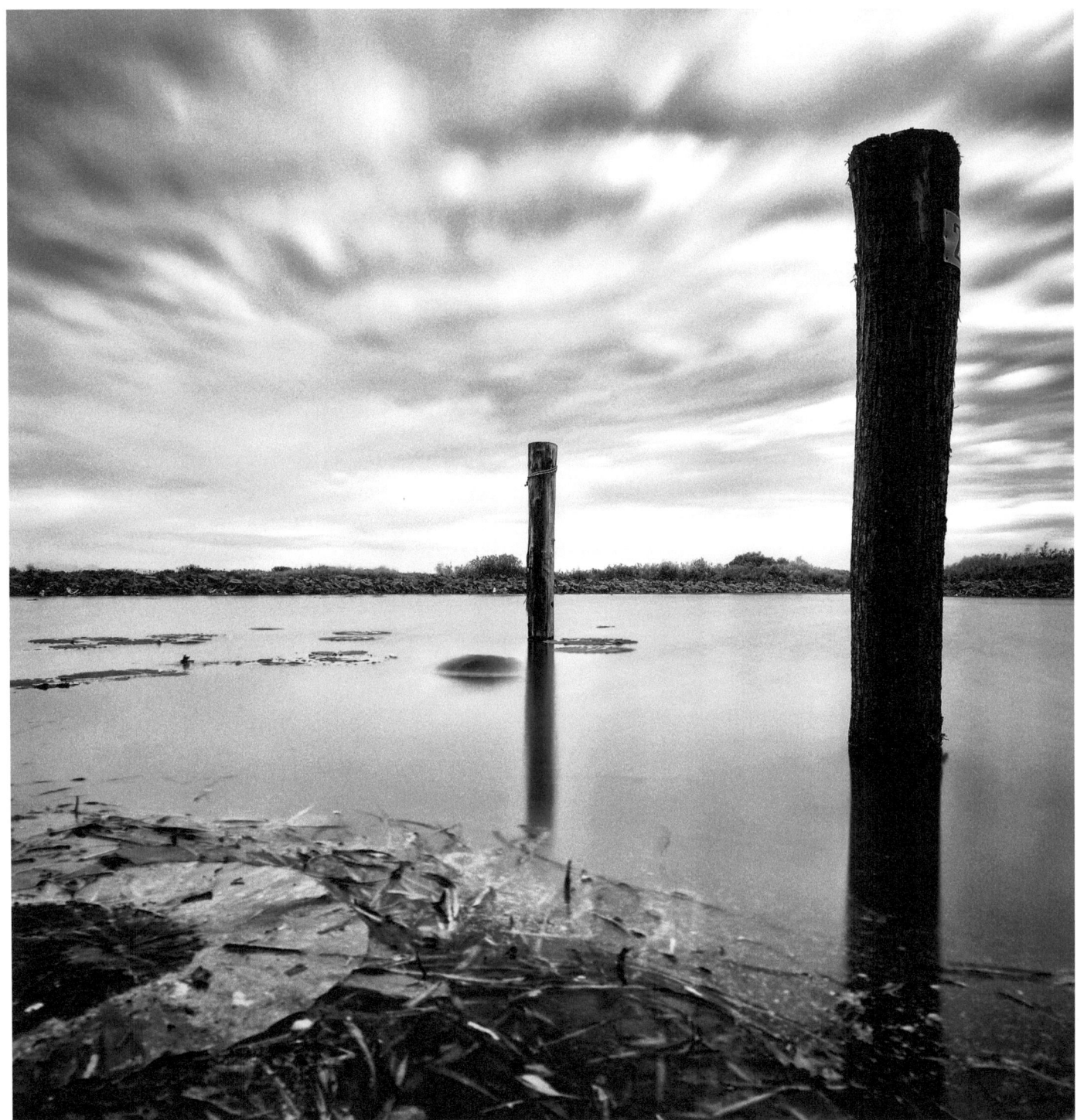

Grazie   Mantova

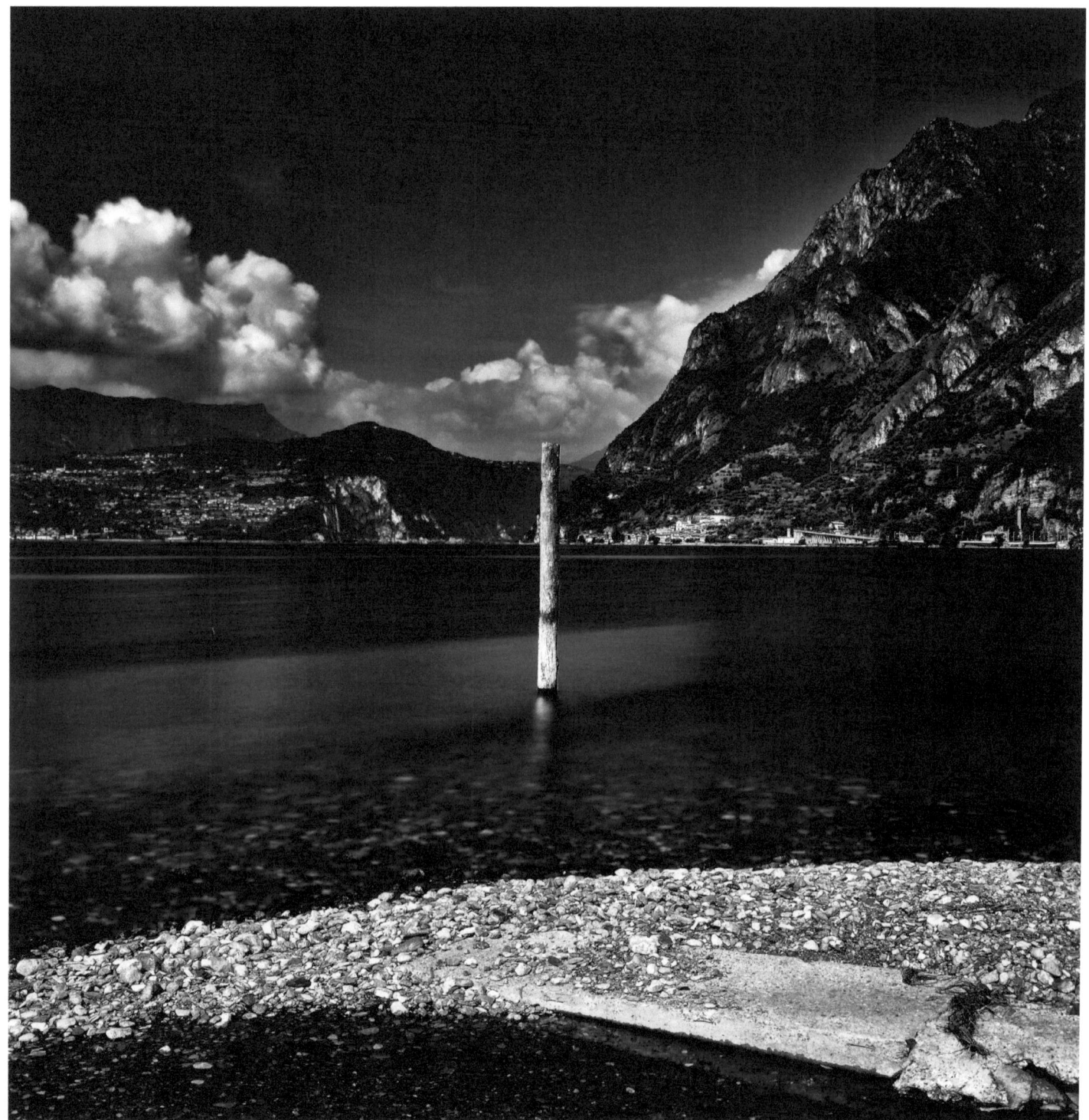

Marone   Iseo Lake

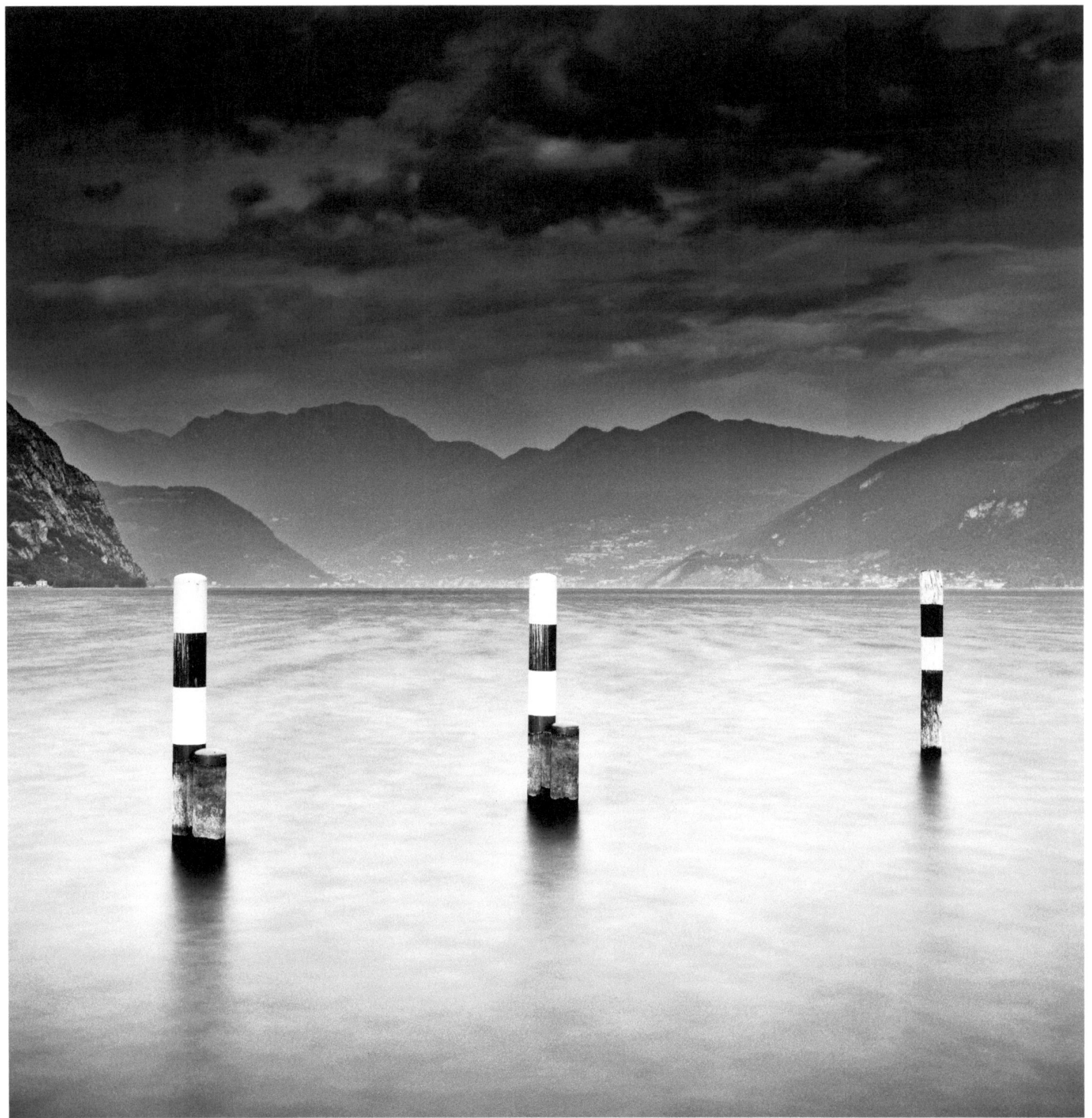

Clusane   Iseo Lake

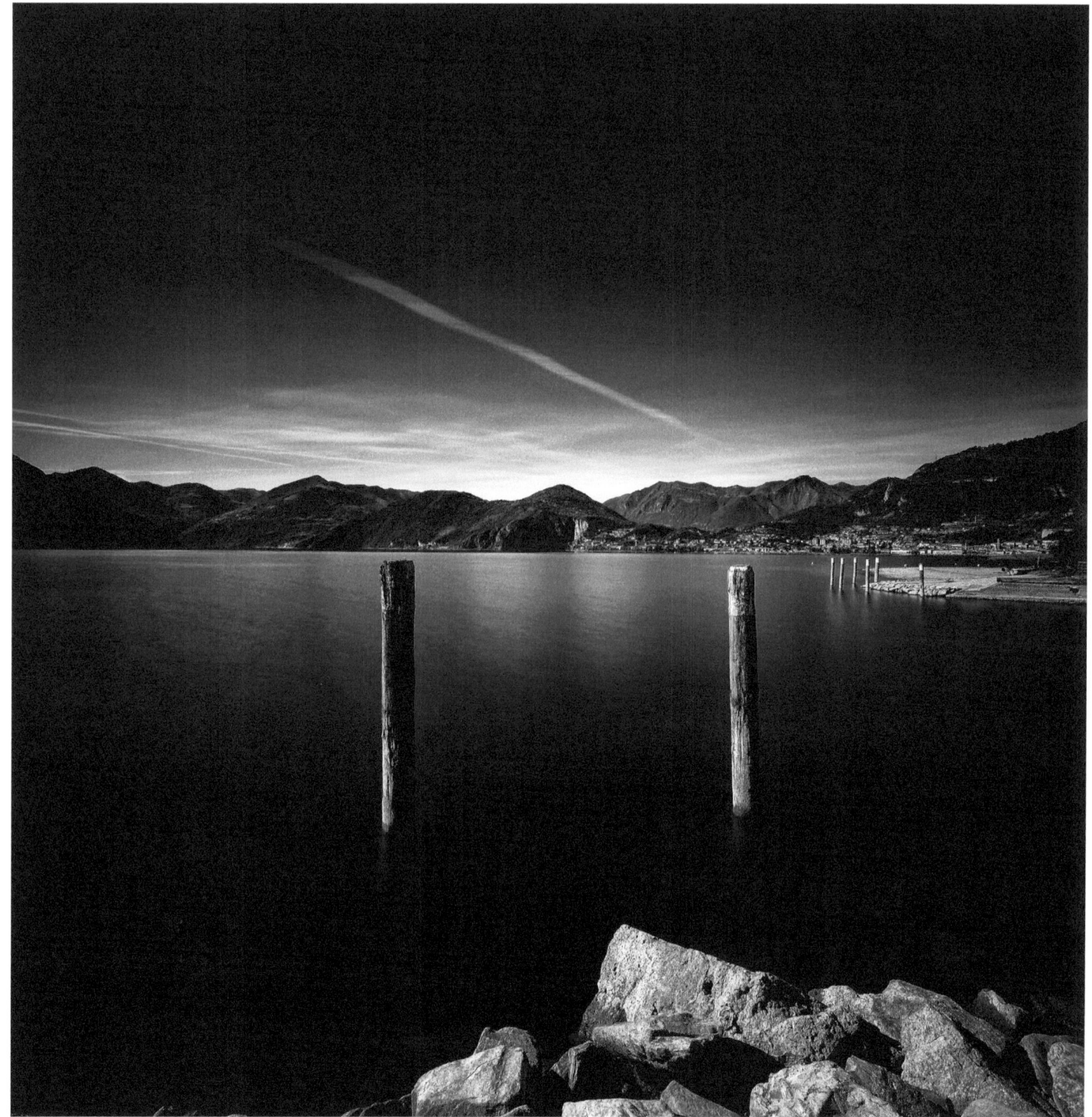

Pisogne

Iseo Lake

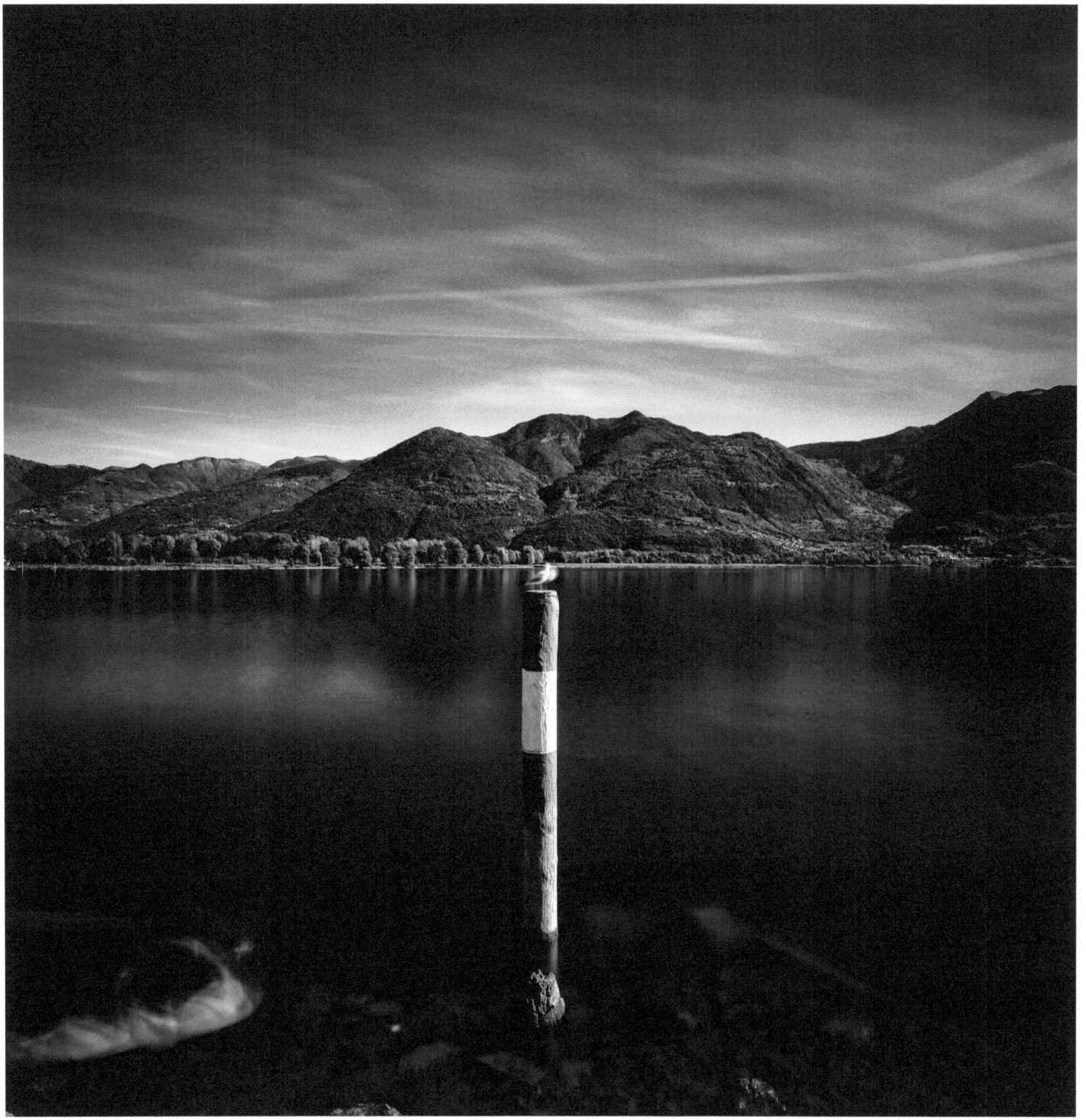

Lovere   Iseo Lake

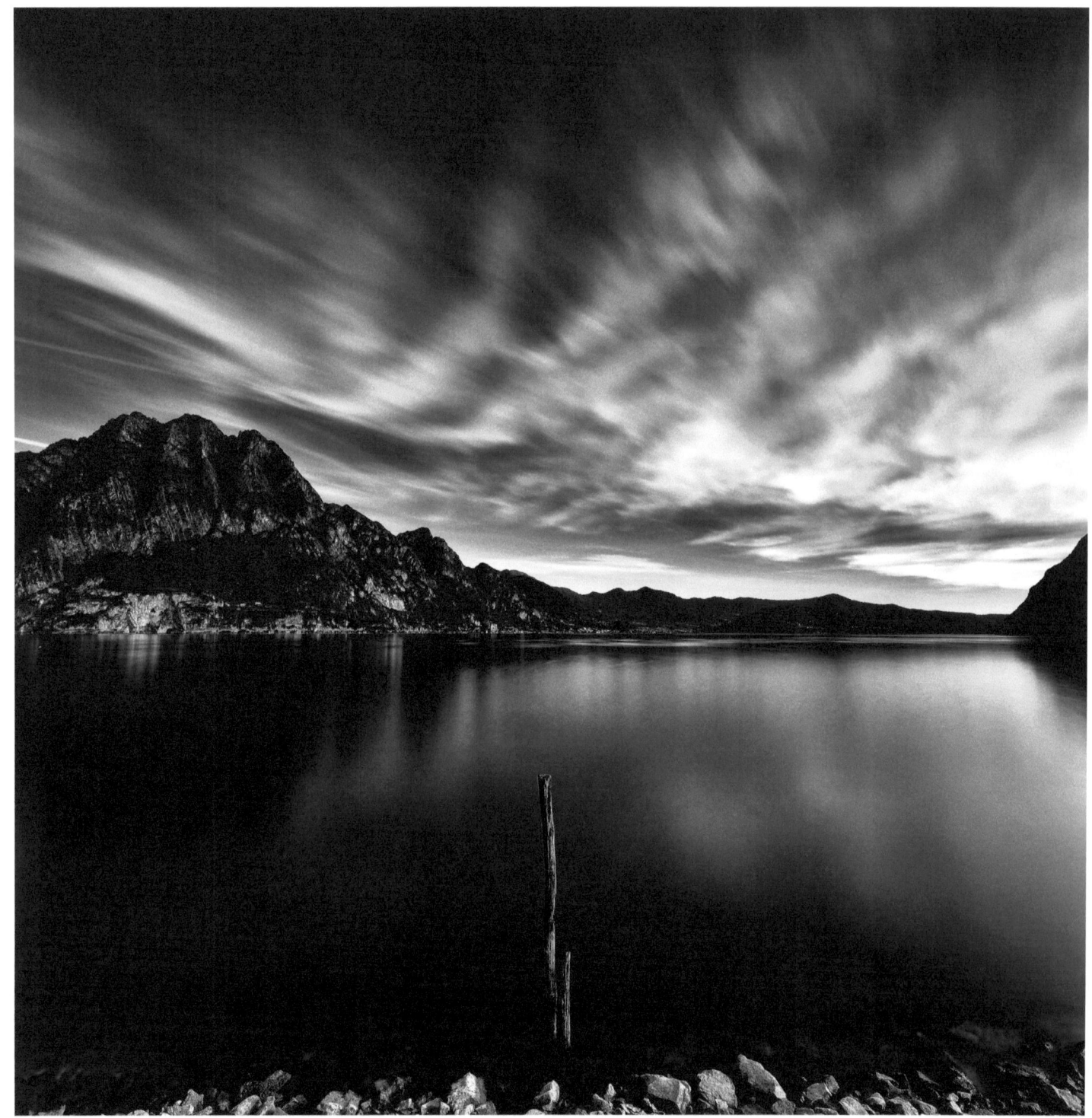

Castro   Iseo Lake

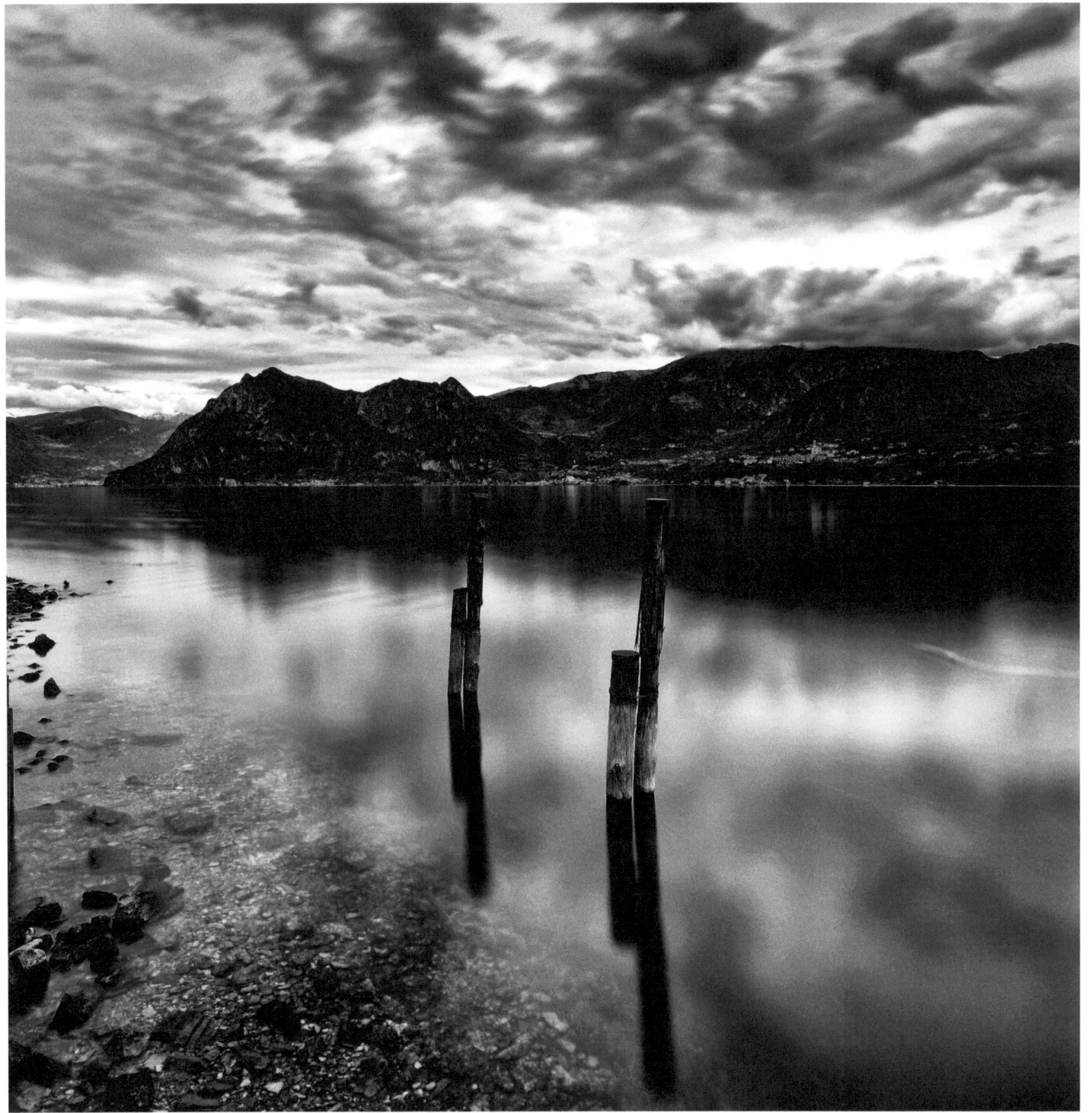

Gallinarga   Iseo Lake

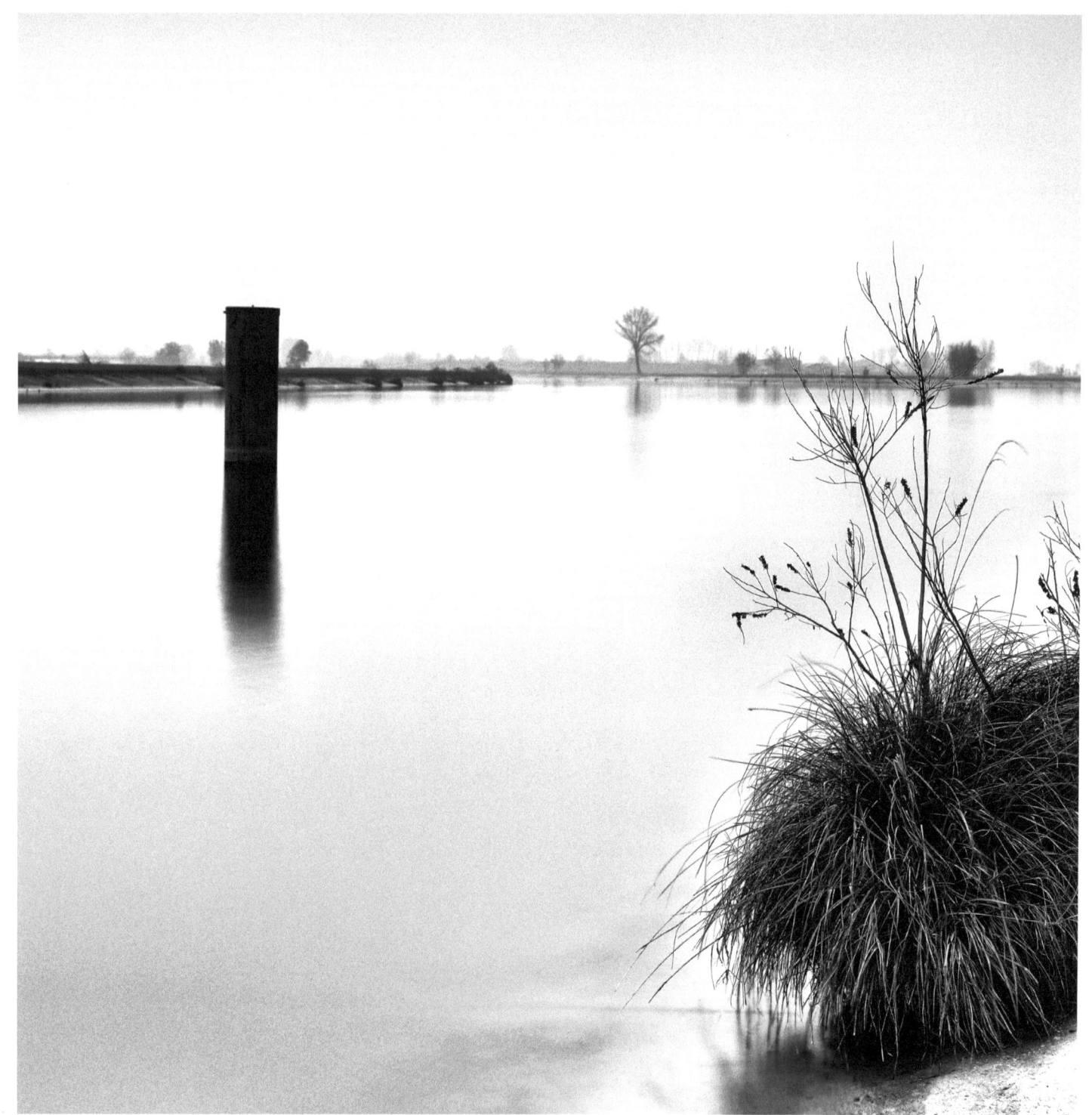

Governolo

Mantova

www.ingramcontent.com/pod-product-compliance
Lightning Source LLC
Chambersburg PA
CBHW041259180526
45172CB00003B/896